Sandhya Jagtap

Programação em C

Sandhya Jagtap

Programação em C

Apenas abordagem prática

ScienciaScripts

Cover image: www.ingimage.com

This book is a translation from the original published under ISBN 978-620-7-99498-4.

Publisher:
Sciencia Scripts
is a trademark of
Dodo Books Indian Ocean Ltd. and OmniScriptum S.R.L publishing group

120 High Road, East Finchley, London, N2 9ED, United Kingdom
Str. Armeneasca 28/1, office 1, Chisinau MD-2012, Republic of Moldova, Europe
Printed at: see last page
ISBN: 978-620-8-19921-0

Prefácio

É com grande prazer que apresentamos o livro "Programming in C : Practical Approach Only" para os estudantes de BCA, B.Sc.(Computer Science),BCS, First year Diploma ,First year B.E.ou para os estudantes que querem aprender a linguagem C de forma prática. Este livro é estritamente orientado para a prática.

Este livro cobre os programas básicos da linguagem C e também os tópicos relacionados com ela. Cada saída do programa é verificada. Este livro combina todos os programas da linguagem C para que os alunos possam verificar o tópico do programa.

O meu agradecimento especial aos nossos familiares, alunos e a todos aqueles que, direta ou indiretamente, me apoiaram neste processo.

Os conselhos e sugestões dos nossos leitores para melhorar o texto são muito bem-vindos e apreciados.

Índice

1. C Softwares

Neste livro, escreverei todos os programas básicos necessários em C. Para fazer C praticamente temos de descarregar qualquer software como o turbo c++, Microsoft Visual studio, Code::Blocks, Dev-C++, Geany (sistema operativo Linux).

1) Turbo C++:-.

Trata-se de um pacote IDE para programação em C e C++, que pode ser descarregado facilmente a partir de qualquer sítio Web. Com ele, pode facilmente criar, modificar ou testar aplicações DOS.

2) Microsoft Visual Studio:-

Este software está facilmente disponível na Internet, bastando digitar https://www.visualstudio.com/. Pode ser necessário um registo gratuito para a instalação. É o melhor IDE. É gratuito, fácil de instalar e, depois de o instalar, está pronto para fazer coisas práticas. O VS da Mirosoft integra um bom editor, compilador e um depurador muito útil. Utiliza o seu próprio compilador, pelo que não é necessário instalar um manualmente.

3) Code::Blocks

Este é outro software de C. Code::Blocks está disponível para diferentes plataformas. É de código aberto, rápido e um depurador útil.

O Code::Blocks suporta vários compiladores e também tem uma distribuição que inclui o compilador TDM-GCC. Pode ser descarregado do sítio Web http://www.codeblocks.org/downloads/26

4) Dev-C++

O Dev-Cpp é outro IDE com o qual é fácil começar a trabalhar. Uma vez descarregado, instale-o e pode ser utilizado tanto em máquinas de 32 como de 64 bits.

Pode ser descarregado do sítio Web http://sourceforge.net/projects/orwelldevcpp/.

5) Geany

Trata-se de um software para o sistema operativo Linux. É leve e fácil de trabalhar. Não tem o seu próprio compilador, precisamos de um compilador externo para a compilação do programa c

por isso é necessário instalar um compilador externo, como o GNU GCC.

2. Transferência e instalação do Turbo C++

Passo I:- Descarregar o ficheiro do Turbo C++. O ficheiro pode ser descarregado de muitos sítios.

Versão atual: Turbo C++ 3.7.8.9.

Passo II: Vá para transferências e clique no ícone da aplicação para instalar o Turbo C++.

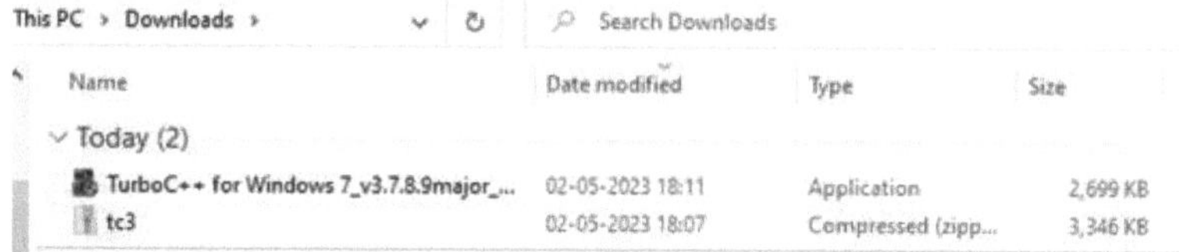

Passo-III:- Aparecerá uma janela. Clique em Seguinte para continuar a instalação.

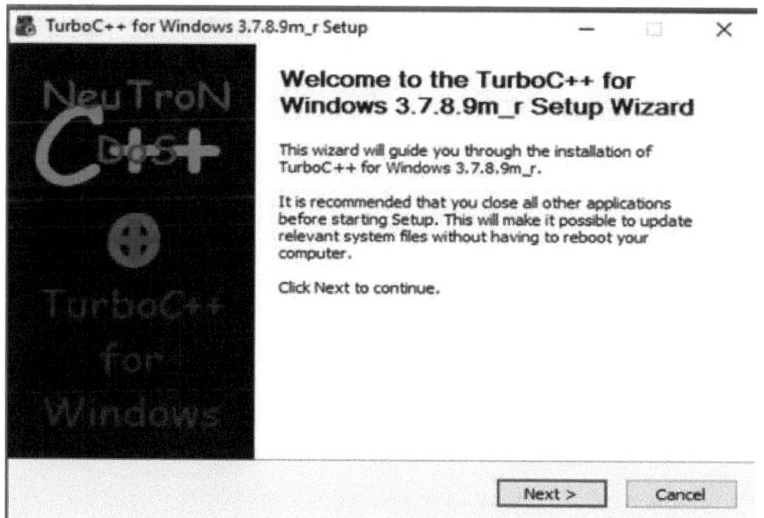

Passo-IV:- Selecionar a caixa de verificação dos termos e condições e prosseguir.

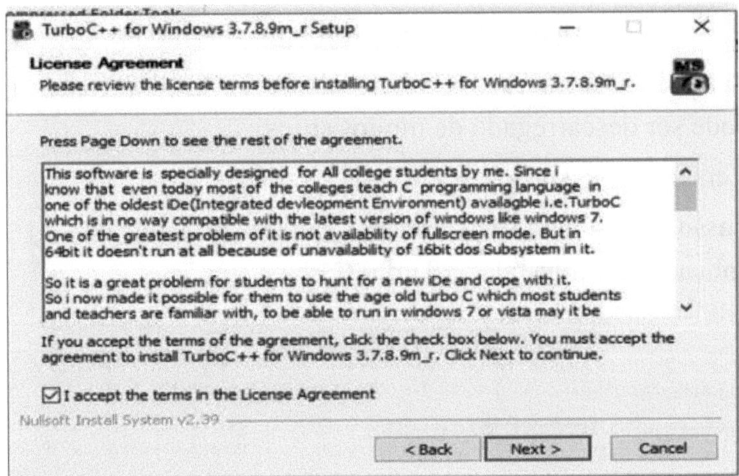

Passo V:- Selecionar a pasta de destino e clicar na opção de instalação.

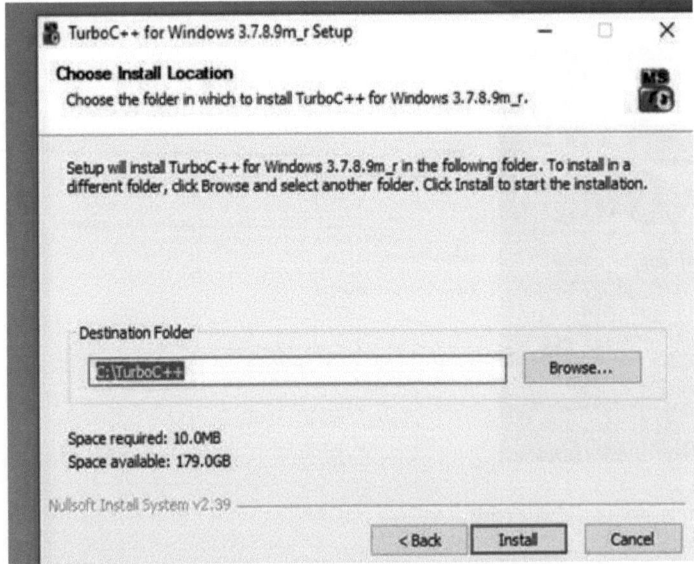

Passo-VI: - Após alguns segundos, a instalação estará concluída e aparecerá uma janela pop-up.

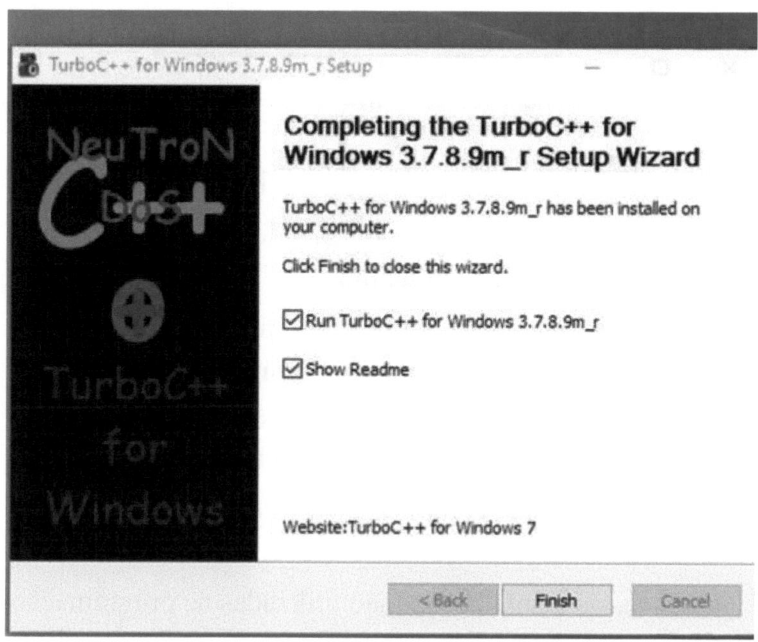

O software Turbo C++ está instalado

3. Como utilizar o Turbo C++

Siga os seguintes passos básicos para utilizar o Turbo C++.

Passo 1: Faça duplo clique na ligação de atalho "Turbo C++" no seu ambiente de trabalho.

Passo 2: Selecionar "Run Turbo C++" para lançar o programa em modo de ecrã inteiro. Desmarque a caixa de verificação "Modo de ecrã completo" e selecione "Iniciar Turbo C++" se não quiser o modo de ecrã completo.

Passo 3: Agora, pode compilar e executar o seu código C++.

Algumas teclas de atalho que são utilizadas na programação do prompt dos são as seguintes

1) F3 - abrir o novo ficheiro

2) F2- guardar o ficheiro

3) ALT+F9- compilar o programa c

4) CTRL +F9- Executar o programa c

4. Como escrever um programa em C

Passo 1: Abra o turbo ++, clique em Ficheiro e, em seguida, clique em Novo ou prima simplesmente F3 no teclado.

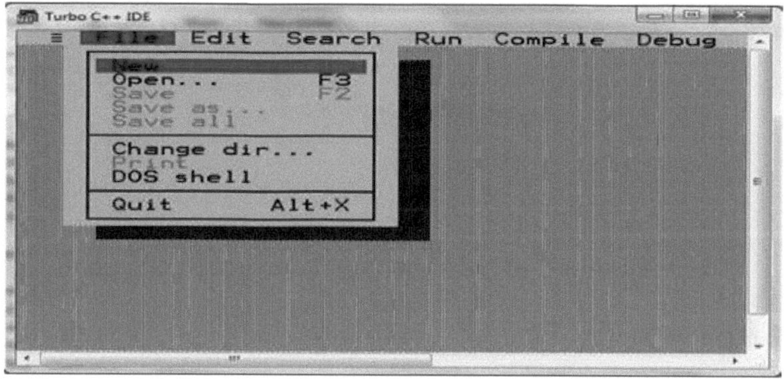

Passo 2: Escreva o seu programa

Passo 3: Clique no menu Compile (Compilar) e depois na opção Compile (Compilar), ou prima as teclas Alt + F9 para compilar o código.

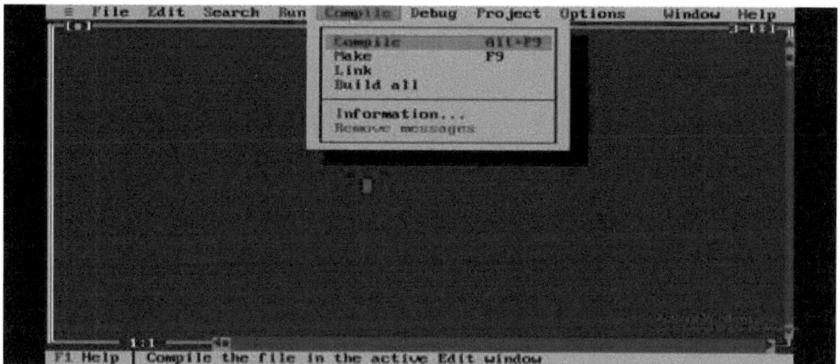

Passo 4: Clique em Executar ou prima Ctrl + F9 para executar o código. Sim, os programas C são primeiro compilados para gerar o código de objeto e, em seguida, esse código de objeto é executado.

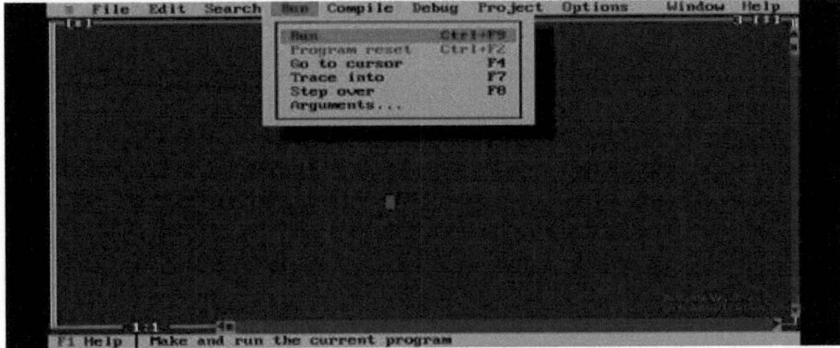

Etapa 5: Saída

5. Programas de C

5.1 Programas básicos

1) Escrever um programa em c para mostrar a mensagem "Hello"

```
#include <stdio.h>   //header file

#include<conio.h>   //header file

int main()

{

printf("Hello");// this function used to print string on output window

getch();

return (0);

}
```

Saída:-Olá

2) Escrever um programa em c para apresentar valores estáticos de inteiros, flutuantes e caracteres

```
#include <stdio.h>
#include<conio.h>
int main()
{
int a=10;           //integer variable declaration
float b =10.20;  //float variable declaration
char c='d';        // character variable declaration
printf ("integer value a=%d",a);
printf ("\n float value b=%f",b);
```

```
printf ("\n character value c=%c",c);
getch ();
return (0);
}
```

Saída:-

valor inteiro a=10

valor flutuante b=10,2

valor do carácter= d

3) Escrever um programa para aceitar valores inteiros, flutuantes e de caracteres do utilizador e imprimi-los

```
#include <stdio.h>
#include<conio.h>
int main()
{
int a;
float b;
char c;
printf("enter the integer value for a");
scanf("&d",&a); //it takes value for a at the time of running
program
printf("\n enter the float value for b");


scanf("%f",&b); //it takes value for b at the time of running
program
printf("\n enter the character value for c");
scanf("%c",&c);//it takes value for c at the time of running
program
printf("\n value of a=%d",a);
printf("\n value of b=%f",b);
printf("\n value of c=%c",c);
getch();
return();
}
```

Saída=

introduzir o valor inteiro para um 10

introduzir o valor flutuante para b 23.3

introduzir o valor do carácter para c f

valor de a=10

valor de b=23,3

valor de c=f

4) Escrever um programa para mostrar a adição de dois números

```
#include <stdio.h>
#include<conio.h>
int main()
{
int a=10,b=20,c;
clrscr();
c=a+b;
printf("addition of two numbers=%d",c);
getch();
return (0);
}
```

Saída=

adição de dois números=30

5) Escreva um programa para mostrar a subtração de dois números

```
#include <stdio.h>
#include<conio.h>
int main()
{
int a=10,b=20,c;
clrscr();
c=a-b;
printf("subtraction of two numbers=%d",c);
getch();
return (0);
}
```

Saída=

subtração de dois números= -10

6) Escrever um programa para mostrar a multiplicação, divisão de dois números

```
#include <stdio.h>
#include<conio.h>
int main()
{
int a=10,b=20,c;
clrscr();
c=a*b;
printf("multiplication of two numbers=%d",c);
c=b/a;
printf ("\n division of two numbers=%d",c);
getch();
return (0);
}
```

saída=

multiplicação de dois números=200

divisão de dois números=2

7) Escreva um programa para mostrar a adição de dois números que é passado em tempo de execução

```
#include <stdio.h>
#include<conio.h>
int main()
{
int a,b;
printf("enter the values of a & b");
scanf("%d",&a);
scanf("%d",&b);
printf("\n addition of two numbers=%d",(a+b));
getch();
return(0);
}
```

Saída=

introduzir os valores de a & b 20 30

adição de dois números=50

8) Escrever um programa para mostrar a subtração de dois números aceitando dos utilizadores

```
#include <stdio.h>
#include<conio.h>
int main(){
int a,b,subtraction;
printf("enter the values for a & b ");
```

```
scanf("%d%d",&a,&b);
subtraction=a-b;
printf("\n subtraction of two numbers=%d",subtraction);
getch();
return(0);
}
```

Saída=

introduzir os valores de a & b 12 23

subtração de dois números= -11

9) Escrever um programa sobre o conceito de caracteres de sequência de escape

```
#include<stdio.h>
#include<conio.h>
int main()
{
printf("welcome to computer lab");
printf("\n languages in computer are");
printf("\n C \t C++\t Java \t C#\t PHP\t PYTHON");
printf("\n my favorite language is\ " java\"");
printf("\n How are you\?");
printf("\n hello   \b\b good morning");
```

```
getch();
return();
}
```

Saída=

bem-vindo ao laboratório de informática

as linguagens de computador são

C C++ Java C# PHP java

a minha linguagem favorita é "java"

Como é que está?

olá bom dia

10)Escreva um programa para calcular a área e a circunferência de um círculo

```
#include<stdio.h>
#include<conio.h>
int main()
{
float r, area , circum;
printf("enter the radius of circle whose area calculated") ;
scanf("%f",&r);
area=3.14*r*r;
printf("\n area of circle=%f",area);

circunferência=2*(3,14)*r;
```

```
printf("\n circumference of circle=%f",circum);
getch();
return(0);
}
```

Saída=

introduzir o raio da circunferência cuja área calculada é 6,0

área do círculo=113,04

circunferência do círculo=37,68

11)Escreva um programa para calcular a área e o perímetro de um quadrado

```
#include<stdio.h>
#include<conio.h>
int main()
{
float side,area,perimeter;
printf("enter the side of square");
scanf("%f",&side);
area=side*side;
printf("\n area of square=%f",area);
perimeter=4*side;
printf("\n perimeter of square=%f",perimeter);
getch();
```

```
return();
}
```

Saída=

introduzir o lado do quadrado 7.5

área do quadrado=56,25

perímetro do quadrado=30.0

12) Escrever um programa para calcular a área e o perímetro de um retângulo

```
#include<stdio.h>
#include<conio.h>
int main()
{
int length,breadth,area,perimeter;
printf("enter length & breadth of rectangle");
scanf("%d%d", & length, & breadth);
area=length*breadth;
printf("\n area of rectangle=%d",area);
perimeter=2*(length+breadth);
printf("perimeter of rectangle=%d",perimeter);
getch();
return(0);
}
```

Saída=

introduzir o comprimento e a largura do retângulo 10 5

área do retângulo=50

área do retângulo=30

5.2 Programas de instrução If- else

1) **Escrever um programa para mostrar se o número é par ou ímpar**

```
#include <stdio.h>
#include<conio.h>
int main()
{
int a=15;
if(a%2==0)
{
printf("the number is even"); }
else
{
printf("the number is odd"); }
getch ();
return (0);
}
```

Saída=

O número é ímpar

2) Escrever um programa para mostrar se o número é positivo ou negativo

```
#include <stdio.h>

#include<conio.h>

int main()

{
int a= 10;

clrscr();

if(a>0)

{

printf ("The number is positive"); }

else

{

printf("The number is negative"); }

getch ();

return (0);

}
```

Saída=

O número é positivo

3) Escrever um programa para aceitar um carácter do utilizador, verificar se é uma vogal e uma consoante

```
#include<stdio.h>

#include<conio.h>

int main()

{

char ch;

printf("enter the character:\n");

scanf("%c",&ch);

if(ch== 'a' || ch== 'e' || ch== 'i'|| ch== 'o' || ch== 'u')

{

printf("The %c is vowel",ch); }

else

{

printf("The %c is consonant",ch); }

getch();

return(0);

}
```

Saída=

introduzir o carácter: h

O h é consoante

4) Escreva um programa para verificar se a pessoa é elegível para votar ou não

```
#include<stdio.h>
#include<conio.h>
int main()
{
int age;
printf("enter the age of person");
scanf("%d",age);
if(age<18)
{
printf("The person is not eligible for voting"); }
else
{
printf("The person is eligible for voting"); }
getch();
return();
}
```

Saída=

introduzir a idade da pessoa 45

A pessoa é elegível para votar

5.3 Programas de mudança de caso

1) Escrever um programa para utilizar o caso de comutação

```
#include <stdio.h>
#include<conio.h>
int main()
{
int a;
clrscr ();
printf ("enter the day no in weak");
scanf("%d",&a);
switch(a)
{
case 1 :
printf ("\n Today is Monday");
break;
case 2 :
printf (" \n Today is Tuesday");
break;
case 3:
printf (" \n Today is Wednesday");
break;
case 4 :
printf (" \n Today is Thursday");
```

```
break;
case 5 :
printf (" \n Today is Friday");
break;
case 6:
printf (" \n Today is Saturday ");
break;
case 7 :
printf (" \n Today is Sunday");
break;
default:
printf (" \n There is no match");
break;
}
getch ();
return (0);
}
```

Saída=

introduzir o dia não na semana 5

Hoje é sexta-feira

2) **Escrever um programa de adição, subtração, multiplicação e divisão de números utilizando o switch .**

```
#include<stdio.h>
#include<conio.h>
int main()
{
int a,b,n;
printf("enter the value for a & b");
scanf("%d%d",&a,&b);
printf("enter the choice for addition press 1\n subtraction
press 2\n multiplication press 3\n division press 4");
scanf("%d",&n);
printf ("\n select choice=%d",n);
switch(n)
{
case 1:
printf("addition operation is done here");
printf("addition=%d",(a+b));
break;
case 2:
printf("subtraction operation is done here");
printf("subtraction=%d",(a-b));
break;
```

```
case 3:
printf("multiplication operation is done here");
printf("multiplication=%d",(a*b));
break;
case 4:
printf("Division operation is done here");
printf("division=%d",(a/b));
break;
default:
printf("sorry there is no operation");
break;
}
getch();
return(0);}
```

Saída=

introduzir o valor de a & b

50 30

introduzir a opção de adição prima 1

subtração prima 2

multiplicação prima 3

divisão prima 4 2

selecionar escolha= 2

a operação de subtração é feita aqui

subtração=20

5.4 Programas de laço para

1) Escreva um programa para imprimir números de 1 a 10 usando um loop for.

```
#include <stdio.h>
#include<conio.h>
int main()
{
int i;
clrscr ();
for(i=1;i<=10;i++)
{
printf ("\t%d",i);
}
getch ();
return (0);
}
```

Saída=

1 2 3 4 5 6 7 8 9 10

2) Escreva um programa para imprimir números de 1 a 10 em ordem inversa.

```
#include <stdio.h>
#include<conio.h>
int main()
{
int i;
clrscr ();
for(i=10;i>0;i --)
{
printf ("\t%d",i);
}
getch ();
return (0);
}
```

Saída=

10 9 8 7 6 5 4 3 2 1

3) Escrever um programa para imprimir se um dado número é primo ou não

```
#include <stdio.h>
#include<conio.h>
int main()
{
int num,i ,flag=0;

printf ("enter the any number to check number is prime or not");
scanf ("%d",&num);
for(i=2;i<=num/2; i++)
{
if(n%i==0)
{
printf ("number is not prime");
flag=1;
break;
}
if(flag==0)
printf ("number is prime");
getch ();
return (0);
}
```

Saída=

introduzir um número qualquer para verificar se o número é primo ou não 7

o número é primo

4) Escrever um programa para encontrar números pares e ímpares entre 1 e 10

```
#include <stdio.h>
#include<conio.h>
int main()
{
int i;
clrscr();
for(i=1; i<=10;i++)
{
    if(i%2==0)
    {
     printf ("\n %d is even number",i) ; }
  else
    {
    printf ("\n %d is odd number",i);}
}
getch ();
return (0);
}
```

Saída=

1 é um número ímpar

2 é um número par

:

:

10 é um número par

5) escrever um programa para imprimir a série de Fibonacci até 10 números

```
#include <stdio.h>
#include<conio.h>
int main()
{
int i,a=0,b=1,c;
clrscr ();
printf ("%d \t %d",a,b);
for(i=1;i<=10;i++)
{
c=a+b;
printf ("\t %d",c);
a=b;
b=c;
}
getch ();
return (0);
}
```

Saída=

0 1 1 2 3 5 8 13 21 44 65 109

6) escrever um programa para imprimir o quadrado dos dez primeiros números.

```
#include <stdio.h>

#include<conio.h>

int main()

{

int i;

clrscr ();

for(i=1;i<=10;i++)

{

printf ("\n square of %d is %d",i,(i*i));

}

getch ();

return (0);

}
```

Saída=

o quadrado de 1 é 1

o quadrado de 2 é 4

o quadrado de 3 é 9

o quadrado de 4 é 16

.

.

o quadrado de 10 é 100

5.5 Programas de loop while

1) Escrever um programa para imprimir números de 1 a 5 utilizando o loop while

```
#include <stdio.h>
#include<conio.h>
int main()
{
int i=1;
clrscr();
while(i<=5)
{
printf("\t%d",i);
i=i+1;
}
getch ();
return(0);
}
```

Saída=

1 2 3 4 5

2) Escreva um programa para imprimir se um determinado número é Armstrong ou não

```
#include <stdio.h>
#include<conio.h>
int main()
{
int n,r,temp,sum=0;
printf (“enter any number”);
scanf(“%d”,&n);
temp=n;
while (n>0)
{
r=n%10;
sum=(r*r*r)+sum;
n=n/10;
}
if(sum==temp)
{
printf (“\n number is Armstrong”); }
else
{
printf (“\n number is not Armstrong”); }
getch ();
```

Saída=

introduzir qualquer número 101

o número não é Armstrong

3) Escrever um programa para imprimir um determinado número que é palíndromo ou não

```
#include <stdio.h>
#include<conio.h>
int main()
{
int num,temp,r,sum=0;
clrscr ();
printf ("enter any number");
scanf("%d",&num);
temp=num;
while (num>0)
{
r=num%10;
sum=( sum *10)+r;
num=num/10;
}
if(temp==sum)
printf ("\n number is palindrome");
else
printf ("\n number is not palindrome");
getch ();
```

```
return (0);
}
```

Saída=

introduzir um número qualquer. 171

o número é palíndromo

5.6 Programas de laço do-while

1) Escreva um programa para mostrar números de 1 a 5 usando o loop do while

```
#include <stdio.h>
#include<conio.h>
int main()
{
int i=1;
clrscr ();
do
{
printf ("\t%d",i);
i=i+1;
} while (i<=5);
getch ();
return (0);}
```

Saída=

1 2 3 4 5

2) escrever um programa usando o loop do while para imprimir os valores de 0 a 5

```
#include <stdio.h>
#include<conio.h>
int main()
{
int i=0;
clrscr ();
do {
printf ("%d\t",i);
i++;
}while(i<=5);
getch ();
return (0);
}
```

Saída=

0 1 2 3 4 5

5.7 Programa com padrão de pirâmide usando laço for aninhado

1) escrever um programa para mostrar

```
*
* *
* * *
* * * *
* * * * *
#include <stdio.h>
#include<conio.h>
int main()
{
int i,j;
clrscr ();
for(i=1;i<=5;i++)  //this is used for number of rows in pyramid
{
for(j=1;j<=i;j++)   //this loop is used for print * in pyramid
{
printf (“* ”);
}
printf (\n);  //this is used for new line for row
}
getch ();
return (0);
}
```

2) escrever um programa para mostrar meia pirâmide de números como

1

1 2

1 2 3

1 2 3 4

1 2 3 4 5

```
#include <stdio.h>
#include<conio.h>
int main()
{
int i,j;
clrscr ();
for(i=1;i<=5;i++) //this is used to creating rows
{
for(j=1;j<=i;,j++) //this loop print value in pyramid
{
printf (“%d ”,j);
}
printf (“\n”); //this is used for new line for row
}
getch ();
return (0);
}
```

3) escrever um programa para imprimir meia pirâmide invertida de *like

* * * * *

* * * *

* * *

* *

*

```
#include <stdio.h>
#include<conio.h>
int main()
{
int i,j;
clrscr ();
for(i=5;i>=1;i- -) //this is used for row
{
for(j=1;j<=i;j++)// this is used for printing values in pyramid
{
printf (“* ”);
}
printf (“\n”);
}
getch ();
return (0);
}
```

4) escrever um programa para imprimir meia pirâmide invertida de números como

1 2 3 4 5

1 2 3 4

1 2 3

1 2

1

```
#include <stdio.h>
#include<conio.h>
int main ()
{
int i,j;
clrscr ();
for(i=5;i>=1;i- -)
{
for(j=1;j<=i;j++)
{
printf ("%d ",j);
}
printf ("\n");
getch ();
return (0);
}
```

5) escrever um programa para imprimir a pirâmide completa de * como

```
        *
      * * *
    * * * * *
  * * * * * * *
* * * * * * * * *
```

```
#include <stdio.h>
#include<conio.h>
int main()
{
int i,j,row=5,k=0;
clrscr ();
for(i=1;i<=5;i++)
{
for(j=1;j<=5-i;j++)
{
printf (" "); //here give only one space mark between ""
}
for(k=1;k<=(2*i-1);k++)
{
printf (" * ");
}
printf ("\n");
}
getch ();
return (0);
}
```

6). Escreva um programa para mostrar uma pirâmide completa de números como

```
        1
       2 2
      3 3 3 3
     4 4 4 4 4
    5 5 5 5 5 5 5
   6 6 6 6 6 6 6 6 6
```

```
#include <stdio.h>
#include<conio.h>
int main()
{
int i,j,row=6,k=0;
clrscr ();
for(i=1;i<=6;i++)
{
for(j=1;j<=6-i;j++)
{
printf (" ");
}
for(k=1;k<=(2*i-1);k++)
{
```

```
printf ("%d ",i);  //here give only one space mark between ""
}
printf ("\n");
}
getch ();
return (0);
}
```

7) escrever um programa para imprimir o padrão de meia pirâmide direita invertida como

```
* * * * *
  * * * *
    * * *
      * *
        *
```

```
#include <stdio.h>
#include<conio.h>
int main()
{
int i,j,k;
clrscr ();
for(i=1;i<=5;i++) 1
{
for(j=1;j<=i;j++)  //this is used for  starting specing
                                                        {
printf (" ");
}
```

```
for(k=i;k<=5;k++) //this loop is used to print the value of
pyramid
{
printf ("* ");
}
printf ("\n"); // this is for new line
}
getch ();
return (0);
}
```

8)escrever um programa para imprimir a meia pirâmide direita invertida de um número como

```
1 2 3 4 5
  2 3 4 5
    3 4 5
      4 5
        5
```

```
#include <stdio.h>
#include<conio.h>
int main()
{
clrscr ();
for(i=1;i<=5;i++)
{
```

```
for(j=1;j<=i;j++)
{
printf (" ");
}
for(k=i;k<=5;k++)
{
printf ("%d ",k);
}
printf ("\n");}
getch ();
return (0);
}
```

5.8 Programas de matriz

1) escrever um programa numa matriz de uma dimensão

```
#include <stdio.h>
#include<conio.h>
int main()
{
int num[]={10,15,7,8,9};
int i;
clrscr ();
for(i=1;i<=5;i++)
{
printf ("%d",num[i]);
printf ("\n");
}
getch ();
return (0);
}
```

Saída=

10

15

7

8

9

2) escrever um programa de matriz de uma dimensão com atribuição dinâmica

```
#include <stdio.h>
#include<conio.h>
int main()
{
int num[5],i;
clrscr ();

printf ("enter elements of array");
for(i=1;i<=5;i++)
{
scanf("%d",&num[i]);
}
printf (" \n elements in array");
for(i=1;i<=5;i++)
{
printf ("%d\t",num[i]);
}
getch ();
return (0);
}
```

Saída

introduzir elementos da matriz

10 15 6 2 32

elementos da matriz 10 15 6 2 32

3) escrever um programa para mostrar a adição de elementos de uma matriz

```
#include <stdio.h>
#include<conio.h>
int main()
{
int A[]={1,2,3,4,5};
int i,sum=0;
clrscr ();
for(i=0;i<=5;i++)
{
sum=sum+A[i];
}
printf ("addition of array elements=%d",sum);
getch ();
return (0);
}
```

Saída=

adição de elementos da matriz=15

4) escrever um programa para ordenar os elementos de uma matriz por ordem crescente

```
#include <stdio.h>
#include<conio.h>
int main()
{
int A[]={7,10,5,20,4};
```

```
int i,j,a;
clrscr ();
for(i=1;i<=5;i++)
{
for(j=i+1;j<=5;j++)
{
if(A[i]>A[j])
{
a=A[i];
A[i]=A[j];
A[j]=a;
}
}}
printf ("numbers are displayed in ascending orders");
for(i=1;i<=5;i++)
{
printf ("%d\t",A[i]);
}
getch ();
return (0);}
```

Saída=

os números são apresentados por ordem crescente 4 5 7 10 20

5) **Escrever um programa para inicializar uma matriz em tempo de execução, ordenar os elementos da matriz por ordem crescente**

```
#include <stdio.h>
#include<conio.h>
int main()
{
int A[10],i,j,a;
clrscr ();
printf ("enter the elements in array");
for(i=0;i<=9;i++)
scanf("%d",&A[i]);
printf ("\n array elements before sort");
for(i=0;i<=9;i++)
printf ("%d\t",A[i]);
for(i=0;i<=9;i++)
{
for(j=i+1;j<=9;j++)
{if(A[i]>A[j])
{
a=A[i];
A[i]=A[j];
A[j]=a;
}
```

```
}}
printf ("\n array elements after sort");
for(i=0;i<=9;i++)
{
printf ("%d\t",A[i]);
}
getch (); return (0);}
```

Saída=

introduzir os elementos na matriz

10 7 9 15 11 12 8 6 14 5

elementos da matriz antes da ordenação

10 7 9 15 11 12 8 6 14 5

elementos da matriz após ordenação

5 6 7 8 9 10 11 12 14 15

6) **Escrever um programa para visualizar uma matriz bidimensional**

```
#include <stdio.h>
#include<conio.h>
int main()
{
int A[3][3]={{1,2,3},{2,3,4},{3,4,5}};
int i,j;
clrscr ();
for(i=0;i<3;i++)
{
for(j=0;j<3;j++)
{
printf ("A[%d][%d]=%d\n",i,j,A[i][j]);}}
getch ();
return (0);}
```

Saída=

A[0][0]=1

A[0][1]=2

A[0][2]=3

A[1][0]=2

A[1][1]=3

A[1][2]=4

A[2][0]=3

A[2][1]=4

A[2][2]=5

7) Escreva um programa para mostrar

2 4 6

3 6 9

4 8 12

5 10 15

```
#include <stdio.h>
#include<conio.h>
int main()
{
int A[4][3]={{2,4,6},{3,6,9},{4,8,12},{5,10,15}};
int i,j;
clrscr ();
for(i=0;i<4;i++){
for(j=0;j<3;j++){
printf ("%d\t",A[i][j]);
}}
getch ();
return (0);}
```

8) Escreva um programa para inicializar uma matriz bidimensional em tempo de execução e imprimir os elementos nela contidos

```
#include <stdio.h>

#include<conio.h>

int main()

{
```

```
int num[3][3],i,j;
clrscr ();
for(i=0;i<3;i++)
{
for(j=0;j<3;j++)
{
printf ("\nenter a num[%d][%d]=",i,j);
scanf ("%d",&num[i][j]);
}}
printf ("\n printing elements");
for(i=0;i<3;i++)
{
for(j=0;j<3;j++)
{
printf ("%d\t",num[i][j]);
}
printf ("\n");
}
getch ();
return (0);
}
```

Saída=

introduzir num[0][0]=17

introduzir num[0][1]=18

introduzir num[0][2]=19

introduzir num[1][0]=20

introduzir num[1][1]=21

introduzir num[1][2]=22

introduzir num[2][0]=22

introduzir num[2][1]=23

introduzir num[2][2]=24

Elementos de impressão

17 18 19

20 21 22

22 23 24

9) Escreva um programa para mostrar o maior elemento da matriz

```
#include <stdio.h>
#include<conio.h>
int main()
{
int size,i, largest;
printf ("\n enter the size of array");
scanf ("%d",&size);
int array[size];
printf ("\n enter elements in array");
for(i=0;i<size;i++)
{
```

```
scanf ("%d",& array[i]);
}
largest=array [0];
for(i=1;i<size;i++)
{
if(largest<array[i]))
{
largest=array [i];
}
}
printf ("\n largest element in array=%d", largest);
getch ();
return (0);
}
```

Saída=

introduzir o tamanho da matriz 6

introduzir elementos na matriz

5 15 17 25 30 4

maior elemento da matriz=30

10) Escreva um programa para mostrar uma tabela de 1 a 10 em forma de matriz

```
#include <stdio.h>
#include<conio.h>
int main()
{
int i,j;
clrscr ();
for(i=1;i<=10;i++)
{
for(j=1;j<=10;j++)
{
printf ("%d \t",j*i);
}
printf ("\n");
}
getch ();
return (0);
}
```

Saída=

1 2 3 4 5 6 7 8 9 10

2 4 6 8 10 12 14 16 18 20

3 6. 9 12 15 18 21 24 27 30

4 8. 12 16 20 24 28. 32. 36 40

5 10 15 20 25 30 35 40 45 50

6 12 18 24 30 36 42 48 54 60

7 14 21 28 35 42 49 56 63 70

8. 16 24 36 40 48 56 64 72 80

9 18 27 36 45 54 63 72 81 90

10 20 30 40 50 60 70 80 90 100

11)Escreva um programa para mostrar o elemento mais pequeno da matriz

```
#include <stdio.h>
#include<conio.h>
int main()
{
int size,i, smallest;
printf ("\n enter the size of array");
scanf ("%d",&size);
int array[size];
printf ("\n enter elements in array");
for(i=0;i<size;i++)
{
scanf ("%d",& array[i]);
}
smallest=array [0];
for(i=1;i<size;i++)
{
```

```
if(smallest>array[i]))
{
smallest=array [i];
}
}
printf ("\n smallest element in array=%d", smallest);
getch ();
return (0);
}
```

Saída=

introduzir o tamanho da matriz 6

introduzir elementos na matriz

5 15 17 25 30 4

elemento mais pequeno da matriz=4

12) Escreva um programa para encontrar a soma de duas Matrizes ou matriz

```
#include <stdio.h>
#include<conio.h>
int main()
{
int one[2][2],two[2][2],sum[2][2];
inti,j;
```

```
clrscr ();
for(i=1;i<=2;i++)
{
for(j=1;j<=2;j++)
{
printf ("enter value in one [%][%d]",i,j);
scanf ("%d",&one[i][j]);
}
printf ("\n");
}
for(i=1;i<=2;i++)
{
for(j=1;j<=2;j++)
{
printf ("enter value in two [%][%d]",i,j);
scanf ("%d",& two[i][j]);
}
printf ("\n");
}
printf ("Addition of above two Matrix is as follows \n");
for(i=1;i<=2;i++)
```

```
{
sum[i][j]=one[i][j]+two[i][j];
printf ("%d\t",sum[i][j]);
}
printf ("\n");
}
getch ();
return (0);
}
```

Saída=

introduzir o valor em um[1][1]=4

introduzir o valor em um[1][2]=5

introduzir o valor em um[2][1]=3

introduzir o valor em um[2][2]=4

introduzir o valor em dois[1][1]=10

introduzir valor em dois[1][2]=20

introduzir o valor em dois[2][1]=5

introduzir o valor em dois[2][2]=6

A adição das duas matrizes acima é a seguinte

14 25

8 10

5.9 Programas em String & Função de Manipulação de String

1) Escrever um programa para apresentar uma cadeia de caracteres utilizando uma matriz de caracteres

```
#include <stdio.h>
#include<conio.h>
void main()
{
char str[8]= “Hello”;
int i;
clrscr ();
for(i=1;i<=5;i++)
printf (“\n %c”,str[i]);
getch ();
}
```

Output=

H

e

l

l

o

2) Escreva um programa para exibir a string dinâmica ou no momento da execução

```
#include <stdio.h>
#include<conio.h>
void main ()
{
char str[15];
printf ("\n enter a string");
scanf("%s",&str);
printf ("\n %s",str);
getch();
}
```

Saída=

introduzir uma cadeia de caracteres Olá aluno

Olá estudante

3) Escrever um programa para aceitar uma string do utilizador e imprimir essa string

```
#include<stdio.h>
#include<conio.h>
#include<string.h>
int main()
{
```

```
char str[10];
printf("enter the string ");
scanf("%s",&str);
printf ("\n user entered string are=%s",str);
getch();
return(0);
}
```

Saída=

introduzir a cadeia de caracteres Sarika

cadeia de caracteres introduzida pelo utilizador are=Sarika

4) Escreva um programa para calcular o comprimento de uma string

```
#include<stdio.h>
#include<conio.h>
#include<string.h>
int main()
{
char str[]= "Hello world";
char str1[30];
int a;
printf("length of given string are=%d",strlen(str));
printf("\n enter the string ");
```

```
scanf("%s",str1);
a=strlen(str1);
printf("\n length of second string user entered=%d",a);
getch();
return(0);}
```

Saída=

comprimento da cadeia dada are=11

introduzir a cadeia de caracteres hello

comprimento da segunda cadeia introduzida pelo utilizador=5

5) Escrever um programa para combinar duas strings ou usar o método concat

```
#include<stdio.h>
#include<conio.h>
#include<string.h>
int main()
{
char str[]= "Good ";
char str1[]= "Morning";
strcat(str,str1); // this function append str1 value to str
printf("%s",str);
getch();
return();
}
```

Saída=

Bom dia

6) Escreva um programa para copiar um valor de string para outro

```
#include<stdio.h>
#include<conio.h>
#include<string.h>
int main()
{
char str[20]= "Good  Morning";
char str1[20];
strcpy(str1,str);  //this function copy value of str to str1
printf("%s",str1);
getch();
return(0);
}
```

Output=

Good Morning

7)Escreva um programa para comparar o valor da string ou use strcmp()

```
//strcmp() function compare the two string value
#include<stdio.h>
#include<conio.h>
#include<string.h>
int main()
{
char str1[]= "Sandhya";
char str1[]= "Sandhya";
char str3[]= "sa";
printf("%d\t\t",strcmp(str1,str2));
printf("%d\n",strcmp(str1,str3));
getch();
return(0);
}
```

Output=

0 -32

8) Escrever um programa para imprimir uma dada cadeia de caracteres em minúsculas e maiúsculas

```
#include<stdio.h>
#include<conio.h>
#include<string.h>
int main()
{
char str1[]= "SANDHYA";
char str2[]= "sandhya";
printf("lower case string=%s",strlwr(str1));
printf("\n upper case string=%s",strupr(str2));
getch();
return(0);


}
```

Output=

lower case string=sandhya

upper case string=SANDHYA

9) escrever um programa em que se utilizem todas as funções de manipulação de strings

```
return();
}
```

Output=

```
 lower case string=sandhya
 uppercase string=SANDHYA
 32
str=SANDHYA
concat value of string=saSANDHYA
```

5.10 Programas sobre a função

1) Escreva um programa para mostrar o seu nome e número de telemóvel utilizando a função

```
#include<stdio.h>
#include<conio.h>
void display();
int main()
{
display();
getch();
return(0);
}
void display()
```

```
{
printf("my name is XYZ");
printf("\n my mobile number is 9836457869");
}
```

Output=

my name is XYZ

my mobile number is 9836457869

2)escrever um programa para mostrar a adição de dois números utilizando diferentes tipos de funções definidas pelo utilizador

```
#include<stdio.h>
#include<conio.h>
void add();            //function without parameter & return type
void add1(int ,int ); //function with parameter & without return type
int add2();          //function without parameter & with return type
int add3(int, int);// function with parameter & return type
int main()
{
int result1,result2,a=15,b=20;
clrscr();
add();   //function calling
```

```
add1(a,b);   //function calling with parameter
result1=add2();
printf("\n addition of elements of function add2=%d"result1);
result2=add3(a,b);
printf("\n addition of elements of function add3=%d"result2);
getch();
return(0);
}
void add()
{
int x=30,y=40;
printf("\n addition of elements=%d",(x+y))
}
void add1(int a,int b )
{
printf("\n addition of elements in add1 function=%d",(a+b));
}
int add2()
{
int x=70,y=80;
```

```
return(x+y);
}
int add3(int a, int b)
{
return(a+b);
}
```

Output=

addition of elements=70

addition of elements in add1 function=35

addition of elements of function add2=150

addition of elements of function add3=35

3)escrever um programa para mostrar a adição, a subtração, a multiplicação e a divisão de dois números utilizando a função

```
#include<stdio.h>
#include<conio.h>
void  add(int, int);
int sub(int, int);
void mult();
int div(int, int);
int main()
{
int x=100,y=50,subtraction, division;
clrscr();
```

```
add(x,y);
subtraction=sub(x,y);
printf("\n subtraction of two numbers=%d",subtraction);
mult(x,y);
division=div(x,y);
printf("\n division of two numbers=%d",division);
getch();
return(0);
}
void  add(int x, int y)
{
printf("addition of two numbers=%d",(x+y));}
int sub(int a, int b)
{
return(a-b);
}
void mult()
{
int x=10,y=4;
printf("\n multiplication of number=%d",(x*y));
}
```

```
return(x/y);
}
```

Saída=

adição de dois números=150

subtração de dois números=50

multiplicação do número=40

divisão de dois números=2

4)Escreva um programa para trocar os valores das variáveis usando o método chamada por valor

```
#include<stdio.h>
#include<conio.h>
void swap(int, int);
int main()
{
int a=10,b=20,c;
clrscr();
printf("value of a before swap is =%d", a);
printf("value of b before swap is =%d", b");
swap(a,b);
printf("value of a after  swap  function is =%d", a);
printf("value of b after swap function is =%d", b);
```

```
getch();
return(0);
}
void swap  (int a, int b)
{
int temp;
temp=a;
a=b;
b=temp;
printf("value of a in swap function is =%d", a);
printf("value of b in swap function is =%d", b");
}
```

Saída=

o valor de a antes da troca é =10

o valor de b antes do swap é =20

o valor de a na função de troca é =20

o valor de b na função de troca é =10

o valor de a após a função de troca é =10

o valor de b após a função de troca é =20

5) Escreva um programa para trocar os valores das variáveis usando o método de chamada por referência

```
#include<stdio.h>
#include<conio.h>
void swap(int *, int *);
int main()
{
int a=10,b=20,c;
clrscr();
printf("value of a before swap is =%d", a);
printf("value of b before swap is =%d", b");
swap(&a, &b);
printf("value of a after  swap  function is =%d", a);
printf("value of b after swap function is =%d", b);
getch();
return(0);
}
void swap  (int *a, int *b)
{
int temp;
temp=*a;
*a=*b;
*b=temp;
}
```

Saída=

o valor de a antes da troca é =10

o valor de b antes do swap é =20

o valor de a na função de troca é =20

o valor de b na função de troca é =10

valor de a após a função de troca é =20

o valor de b após a função de troca é =10

6) Escreva um programa para apresentar o nome do aluno cujas notas das quatro disciplinas e percentagem são apresentadas utilizando a função

```
#include<stdio.h>
#include<conio.h>
void result(int, int, int, int);
int main()
{
int m1=75,m2=68,m3=45,m4=80;
char name[20];
printf("enter the student name");
scanf("%s", &name);
printf("marks of first subject out of 100=%d",m1);
printf("marks of second subject out of 100=%d",m2);
printf("marks of third subject out of 100=%d",m3);
printf("marks of fourth subject out of 100=%d",m4);
result(m1,m2,m3,m4);
getch();

retorno(0);
```

```
}
void result(int a, int b, int c, int d)
{
int total;
float percentage;
total=a+b+c+d;
percentage=(total/400)*100;
printf("percentage of students=%f",percentage);
}
```

Saída=

introduzir o nome do aluno AJAY

classificação da primeira disciplina em 100=75

classificação da segunda disciplina em 100=68

nota da terceira disciplina em 100=45

nota da quarta disciplina em 100=80

percentagem de alunos=67,00

7) Escreva um programa para calcular a área de um quadrado, retângulo e círculo utilizando a função

```
#include<stdio.h>
#include<conio.h>
int squarea( int);
void Rarea();
void cirarea(float);
int main()
```

```
{
int side=12,cal;
float radius=2.2;
cal=squarea(side);
printf("area of square is=%d",cal);
Rarea();
cirarea(radius);
getch();
return(0);
}
int squarea( int x)
{
return(x*x);}
void Rarea()
{
int l=20,b=10;
int area;
area=l*b;
printf("area of rectangle is=%d",area);}
void cirarea(float y)
{
printf("area of circle is=%d",area);
}
```

Saída=

a área do quadrado é=144

a área do retângulo é=200

a área do círculo é=8,908

8) Escreva um programa para usar algumas funções **matemáticas**

```
#include<stdio.h>
#include<conio.h>
int main()
{
printf("%f\n",ceil(3.8));
printf("%f\n",ceil(3.2));

printf("%f\n",floor(3.5));
printf("%f\n",floor(3.4));
printf("%f\n",pow(2,5));
printf("%f\n",abc(-7));
printf("%f\n",sqrt(16));
getch();
return(0);
}
```

Saída=

4.000

4.000

3.000

3.000

32.000

7

4

9) Escrever um programa para mostrar a data e a hora do sistema usando a função de biblioteca

```
#include<stdio.h>

#include<conio.h>

#include<dos.h>

int main()

{

struct date dt;

getdate(&dt);

printf("day=%d\n month=%d\n
year=%d",dt.da_day,dt.da_month,dt.da_year);

getch();

return(0);

}
```

Saída=

dia=6

mês=7

ano=2024

10) Escrever um programa para definir a data e imprimi-la

```
#include<stdio.h>
#include<conio.h>
#include<dos.h>
int main()
{
struct date dt;
getdate(&dt);
printf("day=%d\n month=%d\n
year=%d",dt.da_day,dt.da_month,dt.da_year);
printf("\n enter the day,month,year which user want");
scanf("%d%d%d",&dt.da_day,&dt.da_mon,&dt.da_year);
setdate(&dt);
printf("day=%d\n month=%d\n
year=%d",dt.da_day,dt.da_month,dt.da_year);
getch();
return(0);
}
```

Saída=

dia=6

mês=7

ano=2024

introduzir o dia, mês e ano que o utilizador pretende 7 7 2024

dia=7

mês=7

ano=2024

5.11 Programas sobre recursão

1) Escreva um programa para mostrar os primeiros 30 números naturais usando recursão indireta

```
#include<studio.h>
#include<conio.h>
int n=0;
void display();
void display1();
void display()
{
if(n<=30)
{
printf("%d",n);
n++;
display1 ();
```

```
}
else
{
return;
}
}
void display1()
{
   if(n<=30)
   {
   printf("\t%d",n);
   n++;
display ();
}
else{
return;
}}
void main()
{
printf("first 30 natural numbers are :\n");
display ();
```

Saída=

Os primeiros 30 números naturais são :

0 1 2 3 4 5 6 7 8 9 10 . . . 28 29 30

2) escrever um programa para mostrar a soma de números inteiros usando recursão.

```
#include<studio.h>
#include<conio.h>
int sum(int);
void main ()
{
int n, addition;
printf("enter the positive integer");
scanf("%d",n);
addition=sum(n);
printf("\n sum of integer numbers=%d", addition);
getch();
}
int sum(int n)
{
return n + sum(n-1);
}
```

Saída =

introduzir o número inteiro positivo 10

soma dos números inteiros=55

3) **escrever um programa para mostrar a série de Fibonacci usando recursão.**

```
#include<studio.h>
#include<conio.h>
int a=0,b=1;
void fib(int n)
{
int c=a+b;
printf("%d\t",c);
a=b;
b=c;
return fib(n-1);
}
void Fibonaccis(int n)
{
if(n<1){
printf("invalid series");
}
else if(n==1)
{
printf(""%d",0);
}
```

```
else if(n==2)
{
printf("%d %d",0,1);}
else
{
printf(%d%d",0,1);
fib(n-2);}
int main()
{
int n=15;
Fibonaccis (n);
getch();
return(0);
}
```

Saída=

0 1 1 2 3 5 8 13 21 34 55 89 144 233 377

5.12 Estrutura

1) **Escreva um programa para apresentar o nome do aluno, o número de registo e a percentagem utilizando a estrutura**

```
#include<stdio.h>
#include<conio.h>
struct student
{
int rollno;
char name[20];
float percentage;
};
int main()
{
struct student s1;
s1= {1, "ajay", 70.8};
printf("\n student rollno=%d",s1.rollno);
printf("\n student name=%s",s1.name);
printf("\n student percentage=%f",s1.percentage);
getch();
return(0);
}
```

Saída=

aluno rollno=1

nome do estudante=ajay

percentagem de alunos=70,8

2) **Escrever um programa para mostrar o nome do empregado, a identificação do empregado e o salário utilizando a estrutura**

```
#include<stdio.h>
#include<conio.h>
struct emp
{
int empid;
char empname[20];
int salary;
} e1, e2;
int main()
{
e1= {10, “Yadav”, 40000};
e2={11, “Sharma”,50000};
printf(“\n employee id =%d”,e1.empid);
printf(“\n employee name=%s”,e1.empname);
printf(“\n employee salary=%d”,e1.salary);
printf(“\n-----------------”);
printf(“\n employee id =%d”,e2.empid);
printf(“\n employee name=%s”,e2.empname);
printf(“\n employee salary=%d”,e2.salary);
getch();
return (0);
}
```

Saída=

id do empregado = 10

nome do empregado= Yadav

salário do empregado=40000

----

id do empregado =11

nome do empregado= Sharma

salário do empregado=50000

3) **Escreva um programa para apresentar o número de registo, o nome e a percentagem de 10 alunos utilizando uma matriz de estrutura.**

```
#include<stdio.h>
#include<conio.h>
struct student
{
int rollno;
char name[20];
float percentage;
};
int main()
{
int i;
struct student s1[10];
```

```
printf("\n enter the rollno, name, percentage of 10 students");
for(i=0;i<10;i++)
{
printf("\n enter the rollno=");
scanf("%d",&s1[i].rollno);
printf("\n enter the name=");
scanf("%s",&s1[i].name);
printf("\n enter the percentage=");
scanf("%f",&s1[i].percentage);
}
for (i=0;i<10;i++)
{
printf("\n student rollno=%d",s1[i].rollno);
printf("\t student name=%s",s1[i].name);
printf("\t student percentage=%f",s1[i].percentage);
}
getch();
return(0);
}
```

```
enter the rollno, name, percentage of 10 students
enter the rollno=1
enter the name=ajay
enter the percentage=80.0
 enter the rollno=2
```

enter the percentage=45.5
enter the rollno=3
enter the name=rani
enter the percentage=65.0
enter the rollno=4
enter the name=ranaji
enter the percentage=89.0
enter the rollno=5
enter the name=alka
enter the percentage=78.0
enter the rollno=6
enter the name=megha
enter the percentage=90.0
enter the rollno=7
enter the name=sarika
enter the percentage=76.0
enter the rollno=8
enter the name=jay
enter the percentage=50.0
enter the rollno=9
enter the name=kajal
enter the percentage=55.0
enter the rollno=10
enter the name=ranjan

student rollno=1 student name= ajay student percentage=80.0

student rollno= 2 student name= balaji student percentage=45.5

student rollno= 3 student name= rani student percentage=65.0

student rollno= 4 student name= ranaji student percentage=89.0

student rollno= 5 student name=alka student percentage=78.0

student rollno= 6 student name= megha student percentage=90.0

student rollno= 7 student name= sarika student percentage= 76.0

student rollno= 8 student name= jay student percentage=50.0

student rollno= 9 student name= kajal student percentage=55.0

student rollno= 10 student name= ranjan student percentage=80.0

4) Escrever um programa aninhado de estrutura ou estrutura dentro de estrutura

```
#include<stdio.h>

#include<conio.h>

struct emp

{

int salary;

char city[30];

};

struct employee
```

```
{
int empid;
char name[20];
struct emp e1;
}
int main()
{
struct employee empinfo={ 101, "Ajay",10000, "Latur"}
printf("employee id=%d",empinfo.empid);
printf("\n employee name=%s",empinfo.name);
printf("\n employee salary=%d",empinfo.e1.salary);
printf("\n employee city=%s",empinfo.e1.city);
getch();
return(0);
}
```

Saída=

empregado id=101

nome do empregado=Ajay

id do empregado=10000

cidade do empregado=Latur

5) Escreva um programa para copiar o valor da estrutura para outra variável da estrutura

```
#include<stdio.h>
#include<conio.h>
struct employee
{
int empid;
char name[20];
int salary;
};
int main()
{
struct employee emp={101, "Ajay",10000};
struct employee  emp2;
emp2=emp;
printf("employee id=%d",emp2.empid);
printf("\n employee name=%s",emp2.name);
printf("\n employee salary=%d",emp2.salary);
getch();
return(0);
}
```

Saída=

empregado id=101

nome do empregado=Ajay

salário do empregado=10000

6) Escrever um programa sobre a matriz dentro da estrutura

OU

Escrever um programa para apresentar o nome do aluno, o número de registo e a percentagem de alunos com cinco disciplinas

```
#include<stdio.h>
#include<conio.h>
struct student
{
int rollno;
char name[20];
float marks[5];
};
int main()
{
int i,percentage,sum=0;
struct student s1;
printf("enter the student roll no & name \n");
scanf("%d%s", &s1.rollno,& s1.name);
printf("enter the marks obtain in five different subject\n");
for(i=1;i<=5;i++)
{
scanf("%f",&s1.marks[i]);
sum=sum+s1.marks[i];

}
```

```
percentage=sum/5;
printf("student name=%s \n",s1.name);
printf("student  roll no=%d\n", s1.rollno);
printf("student percentage=%d",percentage);
getch();
return(0);
}
```

Saída=

introduzir o número de registo e o nome do aluno

11 Sarika

introduzir as notas obtidas em cinco disciplinas diferentes

60.0 80.0 70.0 60.0 80.0

nome do aluno=11

número do registo de estudante=Sarika

percentagem de alunos=70

5.13 União

1) **Escrever um programa no union para mostrar a identificação, o nome e o salário do empregao**

```
#include<stdio.h>
#include<conio.h>
union emp
{
int empid;
char empname[20];
int salary;
} e1, e2;
int main()
{
e1= {10, "Yadav", 40000};
e2={11, "Sharma",50000};
printf("\n employee id =%d",e1.empid);
printf("\n employee name=%s",e1.empname);
printf("\n employee salary=%d",e1.salary);
printf("\n-----------------");
printf("\n employee id =%d",e2.empid);
printf("\n employee name=%s",e2.empname);
printf("\n employee salary=%d",e2.salary);
```

```
getch();
return (0);
}
```

Saída=

id do empregado = 10

nome do empregado= Yadav

salário do empregado=40000

----

id do empregado =11

nome do empregado= Sharma

salário do empregado=50000

5.14 Ponteiro

1) Escreva um programa para usar ponteiros para exibir valores de variáveis.

```
#include<stdio.h>

#include<conio.h>

int main()

{

int a=10;

float b=10.9;

char c='w';

int * p;float * v1;char * v2;

p=&a;

v1=&b;

v2=&c;

printf("a=%d\t",*p);

printf("  b=%f\t ", *v1);

printf(" c=%c \t",*v2);

getch();

return(0);

}
```

Saída=

a=10 b=10,9 c=w

2) **Escrever um programa sobre o conceito de dereferenciação de ponteiros**

```
#include<stdio.h>
#include<conio.h>
int main()
{
int a=10;
int * p;
p=&a;
printf("value of p=%u \t",p);
printf("value of a=%d   \t",a);
printf("value of *p=%d",*p);
getch();
return(0);
}
```

Saída=

valor de p= 65524 (pode variar consoante o endereço de memória do computador) valor de a= 10 valor de **p=10*

3) Escreva um programa para aceder a elementos de uma matriz utilizando um ponteiro

```
#include<stdio.h>
#include<conio.h>
int main()

{
int a[]={10,29,30,45,50};
int * p;
int i;
p=&a;
for(i=1;i<=5;i++)
{
printf("%d\t\t",*p);
p=p+1;
}
getch();
return(0);
}
```

Saída=

10 29 30 45 50

4) Escrever um programa de Incremento ou Decremento de ponteiros

```
#include<stdio.h>
#include<conio.h>
int main()
{
int a=10;
int *p;
p=&a;
```

```
printf("p=%u\t\t",p);
p++;
printf("p++=%u\t\t",p);
p--;
printf("p--=%u\t\t",p);
float b=1.2;
float *q;
q=&b;
printf("\n q=%u\t\t",q);
q++;
printf("q++=%u\t\t",q);
q--;
printf("q--=%u\t\t",q);
char c= 'd';
char *z;
z=&c;
printf(" \n z=%u\t\t",z);
z++;
printf("z++=%u\t\t",z);
z--;
printf("z-- =%u\t\t",z);
}
```

Saída= (o valor do ponteiro inteiro é aumentado em 2 bytes ou 4 bytes).

p=65524 p++=65526 p-=65524

q= 65520 q++=65524 q- -=65520

z=65519 z++=65520 z- -=65519

5) Escrever um programa de adição de um número inteiro a um ponteiro

```
#include<stdio.h>
#include<conio.h>
int main()
{

int a=10;
int *p;
p=&a;
printf("p=%u",p);
p=p+4;
printf("\n after addition,value of p=%u",p);
getch();
return (0);}
```

Saída=

p=65524

após a adição, o valor de p=65532

6) Escrever um programa de subtração de um número inteiro para um ponteiro

```
#include<stdio.h>
#include<conio.h>
int main()
{
float b=2.4;
float * q;
q=&b;
printf("q=%u",q);
q=q-2;
printf("after subtraction, value of q=%u",q);
getch();
return ();}
```

Saída=

q=65520

após subtração, valor de q=65512

7) Escrever um programa de subtração de um ponteiro a outro

```
#include<stdio.h>
#include<conio.h>
int main()
{
int a=10 ,b=20;
                                        int c;
int *p,*q;
p=&a;
q=&q;
c=p-q;
printf("p=%u\n",p);
printf("q=%u\n",q);
printf("value after subtraction of one pointer from other
        =%d",c);
getch ();
return (0);
}
```

Saída=

p=65524

q=65522

valor após a subtração de um ponteiro ao outro=1

8) Escrever um programa para comparação de ponteiros com valor nulo

```
#include<stdio.h>
#include<conio.h>
int main()
{

int *ptr=NULL;
if(ptr==NULL)
printf("pointer is NULL");
else
printf("pointer is not NULL");
getch();
return(0);
}
```

Saída=

o ponteiro é NULL

9) Escrever um programa para verificar o número de números pares e ímpares presentes numa dada matriz utilizando um ponteiro

```
#include<stdio.h>
#include<conio.h>
int main()
{
int num[]={10,12,13,15,18,25,28};
int i,even_count=0,odd_count=0;
int *ptr;
ptr=&num;
for(i=1;i<=7;i++)
{

se((*ptr%2)==0)
```

```
{
printf("\n the number %d is even",*ptr);
even_count++;}
else
{
printf("\n the number %d is odd",*ptr);
odd_count++;
}
p=p+1;
}
printf("\n total even number=%d\n total odd number=%d",even_count,odd_count);
getch();
return(0);
}
```

Saída=

o número 10 é par

o número12 é par

o número 13 é ímpar

o número15 é ímpar

o número 18 é par

o número 25 é ímpar

o número 28 é par

número par total=4

número ímpar total=3

Livro de referência

1) Brain W. Kernighan & Dennis Ritchie, The C Programming Language Prentice Hall, 2nd Edition 1988.
2) Yashwant Kanitkar, Let Us C, 16th Edition BPB Publication, 2018.
3) Balguruswamy, Programming in C, McGraw Hill Education India Private Limited; 7th Edition, 2017.
4) https://www.geeksforgeeks.org/c-programming-language/
5) Balagurusamy E, Programming in ANSI C, 8th Edition, Tata McGraw-Hill,2019.
6) 7. Gottfried, Programming with C, 3 Edition, Tata McGraw-Hill, 2018.
7) Herbert Schildit, C the Complete Reference, McGraw-Hill Publication, 2000

Printed by Books on Demand GmbH, Norderstedt / Germany